© 2011 por Luiz Antonio Gasparetto

Direção de arte: Luiz Antonio Gasparetto
Capa, projeto Gráfico e diagramação: Jefferson Leal
Revisão: Melina Marin

1ª edição – 2ª impressão
5.000 exemplares – janeiro 2014
Tiragem total: 15.000 exemplares

Dados Internacionais de Catalogação na Publicação (CIP)
(Câmara Brasileira do Livro, SP, Brasil)

Gasparetto, Luiz
Afirme e faça acontecer / Luiz Gasparetto. --
São Paulo : Centro de Estudos Vida & Consciência Editora, 2011

ISBN 978-85-7722-199-8

1. Autoconsciência 2. Desenvolvimento pessoal
3. Evolução espiritual 4. Metafísica 5. Mudanças de vida
I. Título.

11-09824   CDD-158.1

Índices para catálogo sistemático:
1. Desenvolvimento pessoal : Psicologia aplicada 158.1

Todos os direitos reservados. Nenhuma parte desta edição pode ser utilizada ou reproduzida, por qualquer forma ou meio, seja ele mecânico ou eletrônico, fotocópia, gravação etc., tampouco apropriada ou estocada em sistema de banco de dados, sem a expressa autorização da editora (Lei nº 5.988, de 14/12/1973).

Este livro adota as regras do novo acordo ortográfico (2009).

Editora Vida & Consciência
Rua Agostinho Gomes, 2.312 – São Paulo – SP – Brasil
CEP 04206-001
editora@vidaeconsciencia.com.br
www.vidaeconsciencia.com.br

afirme

e faça acontecer

Gasparetto

Prefácio

Pensei em fazer este pequeno livro para que servisse de inspiração às pessoas que buscam mudar a vida. Mudar acima de tudo o seu modo de pensar e, assim, usar os seus poderes naturais de forma mais produtiva. Vivemos num ambiente onde as ilusões são muito populares e a sua influência é inegável. O exercício de ser adulto consiste em tomarmos, em nossas mãos, a responsabilidade de nos educarmos.

Crescer é sempre prazeroso. A independência é uma enorme aquisição.

A dignidade: o seu maior resultado. E a paz: o seu maior presente.

Leia com atenção para que você saiba como usar este livro com eficiência.

O Poder Espiritual
Tudo o que existe é do Espírito.

Conceitos que devemos entender:

ESPÍRITO é a palavra que se refere ao aspecto original de tudo. É matéria, energia e muito mais, que faz tudo existir e o mantém. Ele, em sua natureza íntima, é um conjunto de princípios ou dons que se organizam individualmente, como o nosso código genético. O próprio cromossomo é uma expressão material de nosso Espírito.

É composto de dois princípios distintos e básicos: o princípio inteligente, conhecido como o lado luz, e o princípio vital, conhecido como sombra.

O princípio inteligente é capaz de expressar-se em milhares de outros princípios.

O princípio vital é único e pode ser tudo quanto o princípio inteligente o mandar.

A união dos dois é que faz acontecer o que chamamos de existência.

Um não vive sem o outro.

O princípio inteligente molda o vital, que cria os campos energéticos de acordo com as qualidades inerentes ou atributos de cada Espírito, e esses criam campos energéticos que se densificam em material – a matéria.

Isso quer dizer que, atrás de toda matéria – que na realidade é energia –, estão os princípios que dão as diferentes qualidades ao mundo físico.

A realidade é criada pelo poder espiritual.

Os Espíritos são ligados por uma forte força unificadora (conhecida como Deus) que se multiplica, reorganizando-se infinitamente, sem nunca perder sua unidade.

Somos o Espírito diferenciado. **Quer dizer que, mesmo unidos, cada ser é ele mesmo, diferenciado por seu conjunto único de princípios.**

A nossa inteligência espiritual, que atraiu e utilizou a matéria vital, criou nosso lado sombra ou animal, que mostra sua capacidade em corpos cada vez mais perfeitos dentro do processo de evolução.
É nossa sabedoria anímica. O corpo físico, o corpo astral, o corpo mental, o corpo sensível, o corpo de defesa e integridade, o meio ambiente, tudo é comandado pela nossa inteligência anímica, ou "bicho", como eu gosto de chamar. O ambiente é considerado parte nossa pelas leis do Espírito.
O ambiente é parte de nós, pois não vivemos sem ele. Nele, temos o ambiente físico, o ambiente mental consciente e inconsciente (coletivo) e o ambiente astral. Tudo interfere em nós, como nós neles.
Esses ambientes também são o resultado da criação de nosso poder espiritual.

Somos assim: capazes de criar existência ou realidade.

A realidade é individualizada por sermos indivíduos diferenciados. Se o ambiente nos afeta mais ou menos, dessa ou daquela forma, depende de cada um. A realidade coletiva é fruto dos seres que vivem juntos, mas a individualidade faz seu próprio caminho nela.

Os Níveis Existenciais São 3: o material, o energético e o espiritual.

A existência pode ser percebida nos três níveis, que parecem ser distintos, mas são unidos em sua continuidade. A matéria continua na energia, que continua no mundo espiritual. Os mundos materiais, portanto densos, são paralelos e infinitos, assim como o mundo físico que conhecemos, o mundo astral que se alastra em outros múltiplos níveis.

Já o mundo espiritual, onde imperam os princípios, esse é um, como também o mais básico ou superior em poder a todos os outros.

Vivemos nos três níveis ao mesmo tempo. No físico porque estamos encarnados; no astral porque possuímos um corpo astral; e no espiritual porque somos Espírito.

As nossas atividades no nível espiritual acionam princípios que produzem energia e, consequentemente, as formas da realidade.

Somos Incessantes Criadores da nossa Realidade.

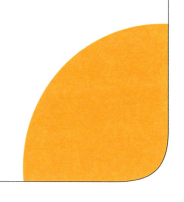

Somos Magos

MAGIA é a arte de lidar com princípios e criar existência ou realidade.

Podemos agir diretamente na matéria, fazendo ciência, que é o modo material de transformarmos o ambiente, desde que conheçamos os seus princípios, a exemplo: química.

Podemos agir diretamente com energia, fazendo ciência, conhecendo os seus princípios, a exemplo: acupuntura.
Mas, quando lidamos com o nível espiritual, estamos fazendo magia.
Somos magos por herança espiritual e estamos, ainda que inocentemente, fazendo magia a todo o tempo.

Magia é a Arte de lidar com o nível Espiritual.
Usamos para a magia algumas de nossas mais preciosas qualidades:

O Poder da Fé

FÉ: é o uso de duas habilidades: o poder de validar e o poder de dar importância.

Validar: é a capacidade de considerar algo como verdadeiro ou não.
É o uso do "isso é verdade" ou "isso não é verdade". Isso está sempre sujeito à livre escolha de cada um.
Depois de validado, acrescenta-se uma dose de importância que lhe dá força vital.
Quando a dose de importância é suficiente para afetar nosso corpo inteiro, ela é registrada. Fixada, ela é utilizada como forma na criação da realidade pelo nosso poder materializador, uma qualidade de nossa inteligência anímica.
O uso de sua fé é que faz as crenças ou arquivos de valores que regem sua vida. Elas são como leis que escreveram o seu destino.
Por isso, diz-se que só existe uma lei.
A sua lei. Aquilo em que você crê faz a sua vida, e não a dos outros.

Parece que toda a inteligência universal, ao criar a individualidade, fez todo o resto em função dela.

Tudo é único. Essa é a maior lei.

O Arbítrio faz as leis. Você faz as leis de como sua vida deve viajar na evolução.

As suas crenças são padrões de valores que se organizam em várias ramificações, compondo uma teia de mensagens que vai desenhando seu destino.

Como você está mudando suas convicções conforme vive suas experiências, assim também vai mudando suas crenças e alterando seu destino.

Por isso este livro quer lhe dar as ferramentas para melhorar sua vida.

A Realidade e a Verdade.

Para mim, elas são completamente diferentes.

A realidade é o produto de minhas crenças, sejam elas positivas, negativas ou neutras. O fluxo de nossas experiências é só o resultado daquilo em que eu escolhi acreditar. Ela está existindo na realidade, mas não é a verdade.

A verdade está em nosso Espírito e pode ser sentida quando nos concentramos nela.

Para você percebê-la, agora, basta acalmar sua mente, que gosta de interferir demais. Procure concentrar-se em seu peito, pois nele a parte mais sensível de seu Espírito se mostra – a alma – e deixe vir as imagens de uma vida fantástica, cenas de uma vida perfeita para você. O que seria o maravilhoso para você?

Vá mais fundo e fique com as imagens que lhe dão sensações tremendamente prazerosas. Na verdade, você não está imaginando, e sim recebendo de seu Espírito o que é a verdade dele.

A isso podemos chamar de perfeição, mas note que ela é a "sua perfeição", o que seu Espírito quer e irá um dia viver.

Ela é a sua verdade. Só nela você conseguirá as realizações que o seu Espírito anseia.

Para que ele possa materializá-las, necessita de que o seu conjunto de crenças seja condizente com elas. Se você já conseguiu alguma realização em sua vida, sabe que "ela" é um tipo de satisfação que dura para sempre, e que nos dá a clara sensação de termos ficado maiores, ou seja, nosso Espírito expandiu-se mais na consciência.

Como todo mundo, você assumiu crenças que julga positivas, pois geram aquilo que sua verdade quer viver, mas ainda possui crenças negativas e que geram o sofrimento.

É hora de melhorar.

Como usar este livro:

Ele está repleto de afirmações que podem servir para melhorar suas convicções e a direção de seu destino, se você usá-las como crenças.

As frases são criadas para destruir as convicções negativas para que possam ser substituídas.

Negativo: é qualquer crença que cria realidade com desconforto, sofrimento, deformidade ou caos.

Positivo: é qualquer crença que cria funcionalidade, prazer pessoal ou coletivo, realizando quem as mantém.

Importante:

A todo o tempo, você está usando os seus padrões de crenças.
A todo o tempo, ou você está revalidando suas velhas crenças, ou inutilizando-as, tirando a importância delas.

É sempre você quem decide, a todo momento. Nada é real em si. Tudo depende de você, do modo como escolhe ver, e isso valida ou desvalida as coisas.

Lembre-se de que a realidade não é a verdade.
A verdade não se altera, a realidade sim.

O tempo em que você crê em algo não aumenta a força dele. Mas é a importância dada, ou o grau de validade, que mantém determinada crença ativa.
Desativamos qualquer crença quando a invalidamos, e não damos mais importância a ela. Quando a consideramos "bobagem"!

Não se combate o mal, pois só combatemos o que cremos que é forte e assim o alimentamos.
Apenas cremos no bem oposto. Assim o resto perde o poder.

O mal só tem poder se você crê nele.
Mas também o bem só será real com sua fé.

Quem combate o mal faz o mal também. Crença em punir, guerrear, destruir e exterminar não funciona, pois estamos dando importância e validade ao mal. Na maioria das vezes, estamos agindo com a mesma negatividade do mal.

Só o positivo faz gerar o positivo, pois o negativo só pode gerar negativo.
Os conceitos de bem ou mal são relativos à inteligência de cada um e pode haver muita confusão a respeito. O que é mal numa situação não o é em outra, e o que é bom para uma individualidade pode não ser para outra.
O bem e o mal são relativos a quem, quando e onde.
Por isso, prefiro resolver a questão do ponto de vista da natureza.
Tudo para ela é funcional ou não funcional.
Para a natureza não há nem bem nem mal; tudo é funcional.

O que funciona bem dá bons resultados, gera lucro e combina com as leis que organizam o funcionamento da natureza, é tido como bem e mantido, e o que não funciona emperra, dificulta, prejudica as intenções da natureza. É o mal e deve ser eliminado, extinto.

Mude para melhor

**Insista no Positivo,
Despreze o Negativo**

Temos dois grandes poderes no arbítrio: o poder de negar e o de afirmar. Para mudar uma velha crença indesejável, é necessário negá-la e afirmar o que você quer que fique em seu lugar.
Exemplo: em meu poder espiritual, eu nego todas as dúvidas; eu estou sempre certo em tudo.

Neste livro, você encontra frases afirmativas para que você possa vesti-las.

Repetir oralmente ou só pensar nelas ajuda, mas não é o suficiente. Para que sejam eficientes, é necessário incorporá-las, vesti-las, agir com elas.

Espírito e Mente

São diferentes. O Espírito é o Eu Inteligente, o que discerne, escolhe, decide e movimenta as qualidades da mente.

A mente é um aparelho que aprende, grava e controla a vida inconsciente.

Você tem a mente, mas não é ela.

Algo mais que você precisa saber:

Você é o Espírito

Tudo em nós são aspectos de nosso Espírito. Mas sua sede é no inconsciente, ou em nosso Eu Superior, que se prolonga na consciência, como o Eu Consciente.
Eu e meu Espírito somos um.
Nossa mente também é uma manifestação de nosso Espírito, porém, tem sido educada pelos valores negativos de nossa cultura.

Muitos de nós se deixam levar pela mente, perdendo a lucidez e o poder de escolha.

A mente apenas repete o que você gravou nela.

Quem manda nela é você.

Quando estiver afirmando algo novo, não se deixe levar pelos pensamentos que querem negar sua nova afirmação, uma vez que a mente está apenas repetindo o que aprendeu. Ignore-a e fique firme em sua nova postura, que as velhas, enfraquecidas, desaparecerão.
Se as velhas crenças são fortes, então reconheça que você tem uma fé realmente forte, que até hoje alimentou tais crenças.
Tudo em mim vive com minhas forças.
Use as frases como uma postura e você verá que tudo em você mudará.

E finalmente:

Em Espírito, você é perfeito e sua verdade é magnificamente infinita e positiva.
Isso quer dizer que todos os nossos anseios de uma vida maravilhosa vêm de nosso Espírito.

Isso supõe que, em Espírito, você já é assim e possui tudo o que lhe faz bem. Isso é a verdade.
Mas, na realidade, aquilo que você fez ser real não é bem assim.
Faça uma diferença entre realidade e verdade. O seu real pode ser negativo, mas na verdade do Espírito tudo é perfeito.
Se sua fé for mais bem usada, você terá o poder de tornar real o que já é sua verdade espiritual.
Se não o fizer pela inteligência, terá que fazer pela experiência, o que significa sofrimento, isso para acordá-lo das possibilidades da verdade em si mesmo.

Existem crenças básicas e outras consequentes.
Se você crê que é imperfeito, consequentemente acreditará que não merece o melhor, que é pretensão querer melhorar na vida, que Deus o castiga, que culpa é algo legítimo, que as lutas da vida são para você melhorar, e que só um dia no futuro melhorará, terá o direito de usufruir o melhor. Com isso, até negará o seu poder de usar sua fé para o bem. Isso porque você escolheu crer no mal. Nesse caso, a visão religiosa tradicional pode ter culpa, mas é sempre você que crê ou não crê.
Assuma agora a sua liberdade de escolha, pois ela é o seu maior poder espiritual, e assuma sua independência, desprezando as ideias cretinas da maioria inconsciente.

Frases para o Mundo Interior

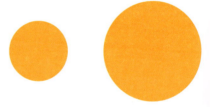

afirme e faça acontecer

Eu nego neste instante toda ideia de **obrigação** e **missão**.

Eu não obedeço a nada, só sigo o que faz sentido.

Eu só tenho coisas boas, não há nada mal em mim.

Sou sempre adequado, desprezo as dúvidas a meu respeito.

Minha vida é uma beleza.

Eu exalto tudo que é bom.

Não existe nada contra mim, **estou totalmente ao meu favor.**

Para tudo eu dou um jeito.

Eu não devo nada, apenas faço porque tenho os meus motivos.

afirme e faça acontecer

22

Frases para o Mundo Interior

- O que sou é o melhor que posso ser no momento para me fazer feliz.
- Eu em primeiro lugar.
- Só faço o que sinto, eu me guio por mim.
- Eu não vou mais ficar cuidando da vida de ninguém, não aceito o sacrifício.
- Eu nasci para a felicidade, gosto de rir.
- Medo é o mal, eu sou do bem.
- Tudo o que faço é certo. Não aceito ninguém acima de mim.
- Eu me descomprometo a mostrar algo; nem bondade, nem competência.
- Deixo-me ir, conforme eu me sinto bem.
- Eu sou da paz e em paz eu caminho, desmontando esse esquema de empecilho.

Estou em paz comigo, **meu tempo é meu tempo, meu jeito é meu jeito.**

Tudo está certo comigo e com os outros.

O mundo não tem força sobre mim, **sou eu quem faz o mundo.**

Eu não me explico, eu sinto.

Abro-me para o novo e me descomprometo com o que fui; nada é para sempre.

Eu posso ser diferente a cada dia.

O que importa é o agora, **o que vivo e como vivo,** do resto nada é sério.

Eu aceito tudo o que eu não posso mudar. Quando eu aceito, nada me afeta. A vida só mudará depois que eu mudar em mim.

afirme e faça acontecer

23

Frases para o Mundo Interior

Eu sou 100% responsável por mim. Não me submeto a ninguém, faço como gosto.

Eu confio no meu interior, e não nos outros.

Eu me desobrigo a ter que preencher as expectativas das pessoas.

Não tem nada de errado comigo, não sou normal e nunca serei; **eu sou natural.**

Sou a harmonia que ordena o caos, **alegre, contente, leve e satisfeito,** profundo na consciência em si.

Quando minha mente se torna eu, **jamais esqueço de mim.**

Eu me aceito como sou, sem definição.

Sou alegre, não preciso de aprovação, pois sou de fato a solução.

Eu acredito em mim, eu me purifico, dissolvendo todo o mal dentro de mim.

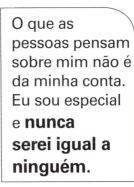

> O que as pessoas pensam sobre mim não é da minha conta. Eu sou especial e **nunca serei igual a ninguém.**

> Eu sou do meu jeito e me abençoo.

> **Tudo é fácil,** e eu estou do meu lado.

> **Eu** não protejo mais ninguém.

> **Gosto de ajudar,** mas não sinto em mim o sofrimento do outro.

> Eu sou a sede de todas as soluções; **em mim estão todas as respostas.**

> Eu não sou mais prevenido; **tudo comigo dá certo.**

> Eu não creio na descrença, eu creio na crença.

> **Eu me dou força** e jamais me esforço.

Não preciso ser maravilhoso para o mundo.

Eu me absolvo de qualquer compromisso do passado.

O passado perdeu totalmente o poder sobre mim.

Eu aceito que o mundo não é do jeito que eu fantasio.

Eu paro de querer ser o exemplo, e fico com a minha integridade.

Eu não preciso me afirmar neste mundo, e sim ser firme em mim. Eu mereço o meu amor.

Eu me defendo criando sustentação e firmeza, e não me colocando uma muralha.

Eu não preciso de ninguém para ser eu mesmo.

Eu tenho poder sobre a minha mente, e ela sobre o ambiente.

Eu sou o bem e não julgo nada. Eu não tenho consciência plena para julgar.

Eu sou uma pessoa cheia de boa vontade. A realidade é reflexo daquilo em que eu creio; a responsabilidade é minha.

Eu me liberto do compromisso de ser adequado, renuncio ao adequado e me abro; quero uma vida melhor.

Eu sou a presença, eu sou o verbo, meu verbo é estar além das fronteiras; é tudo agora, não tem amanhã.

O ambiente é um externo do interno.

Saio da aparência e dou força para a verdade.

Eu largo o "coitadismo".

Felicidade, amor e segurança estão em mim.

O único medo que deveríamos ter é o da **ignorância**.

usando o poder da palavra.

O poder da mudança é mudar a estrutura

A maior defesa do ser humano é negar os condicionamentos negativos.

A vida me trata como eu me trato.

Eu quero ser feliz, e não certinho.

Sou o melhor que posso ser hoje, e **serei o melhor que puder amanhã.**

Sou perfeito segundo o meu grau de evolução.

Frases para o Mundo Interior

afirme e faça acontecer

28

Sou perfeito para ser o que sou, qualquer pensamento contrário é ilusão.

Eu sou único e incomparável.

Eu sou tudo de bom, o resto é ilusão.

Minha vida só muda por fora quando **eu me mudo por dentro.**

Eu dou a mim mesmo o que eu gostaria que os outros me dessem.

Eu não erro, estou aprendendo a lidar com as coisas.

Eu não absorvo nada de ruim.

Eu sou o poder de escolha e determinação em mim.

Eu sou o arbítrio.

Eu sou responsável pela minha felicidade. **Hoje eu me permito não mais ter que** ....

(preencher com o que te incomoda)

Eu estou aqui dentro de mim, para mim, **positivamente.**

Eu aceito minha verdade interior.

Eu sou indefinível.

Eu sou o espaço onde a vida acontece.

Quando estou ao meu lado e bem comigo, **o mundo inteiro está bem comigo e ao meu lado.**

Nada tem poder sobre mim,
a menos que eu dê esse poder.

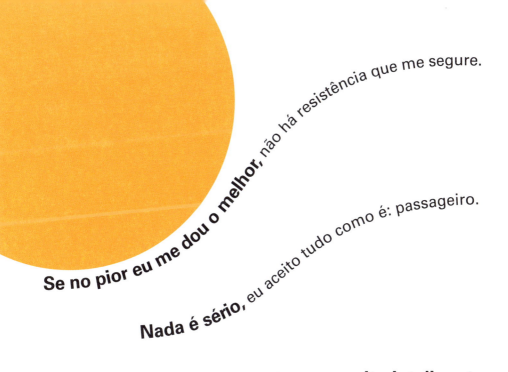

Se no pior eu me dou o melhor, não há resistência que me segure.

Nada é sério, eu aceito tudo como é: passageiro.

Eu posso saber tudo, **sou muito inteligente.**

Eu sou uma rocha, ninguém me abala.

Meu verbo é **ordem.**

Eu sou mais **importante** do que tudo de fora.

afirme e faça acontecer

Eu declaro **paz** em mim.

Eu não quero pensar em maldades, **não preciso disso.**

Tudo o que eu faço é bom; não tem certo e nem errado.

Tudo está à minha disposição, só depende de mim.

Eu solto o futuro, o futuro vem e, quando vier, será o meu presente.

Eu sou a minha própria fonte, **eu me pertenço.**

O que é: **é**. O que não é: **não é.**

Supero o orgulho, a **vergonha** e a **vaidade**, assumindo o conforto de ser eu mesmo.

Eu confio em mim, **eu me ligo em mim.**

As pretensões não têm forças sobre mim, eu sou pequeno e caibo em mim.

Eu sou do meu tamanho, **eu sou só eu**, e isso é **modéstia**.

Eu sou livre para ser quem eu quiser.

Não foi a vida que me traiu; **eu é que me enganei e me iludi.**

Enquanto eu não tiver posse de mim, **não terei posse de nada**.

Não peço nada, eu assumo.

Não aceito ser julgado nem por mim, nem por ninguém.

Eu aprecio as coisas fáceis. Meu caminho é único.

Eu consigo tudo o que quero.

Aceito me **olhar com clareza.**

Eu estou aqui para me agradar.

Eu sou o caminho onde a consciência se expande no mundo da realidade.

Eu nunca vou me achar no outro **porque eu não me comparo;** saio do outro e volto para mim.

Só faço o que está dentro de mim.

Não penso nada sobre nada do que não vivi, senão vou criar preconceitos.

Eu só tenho essa vida, **eu só tenho o agora para viver.**

O que não é bom não é meu.

A confiança em si nasce quando você renasce para si.

Tudo anda de acordo com o seu fluxo interior.

Não é o que você faz que está errado, é onde você está em si que cria distorções.

Toda vez que você sofreu foi porque **você não se escutou.**

Não há passado nem futuro, tudo é um contínuo agora.

Não existe nada real, **só existe aquilo em que você crê.**

O real é o universo da sensação, o resto é imaginação.

O **"aqui e agora" cria o seu futuro
e anula totalmente o passado;** todo
poder de mudança está no agora.

Salve você para salvar o mundo.

A maior lei da humanidade é a **lei da
individualidade.**

A realidade é individual, e não coletiva.

Não há nada neste mundo que possa te atingir, a
não ser o teu próprio poder.

Você é a causa de tudo, **você é a lei.**

A vida faz através de você, e não para você.

Quem vive para os outros **não vive.**

Tudo o que você mais teme **é o que você
mais quer.**

Nenhum mal entra em você se
não tiver o mal dentro de você.

Um dos maiores poderes é **o poder da importância.**

Solidão é você não estar ao seu lado.

Quando você passa a se aceitar, vem a **felicidade** e a **liberdade.**

A pior pobreza é o **medo de ser feliz.**

Você só é realmente importante para **você.**

Ninguém pode mudar o seu ponto de vista; só você pode.

Escolher ou não escolher **é sempre uma escolha.**
Portanto,
você não fica sem escolher.

Pensamentos se firmam com certa convicção e, para destruí-los, é necessária uma convicção igual.

Tudo começa e termina em você.

O **reconhecimento** é a base da confiança em nós.

afirme e faça acontecer

38

Frases para o Mundo Interior

Conflito é estar contra si mesmo.

Responsabilidade é a **habilidade de criar respostas.**

A única coisa séria no mundo **é não levar nada a sério.**

Quanto mais eu estou em mim, mais atraio o melhor para mim.

Eu estou no poder, **eu decido o que é importante.**

A gente cria e tem que **"descriar".**

Eu sou dono de mim, eu me deixo mudar.

Eu sou a minha vontade.

A gente só vê nos outros o que tem na gente.

afirme e faça acontecer

39

Frases para o Santo Interior

Onde a inteligência entra, **a dor sai**.

Só o **exigente consigo mesmo** é que **aceita a exigência dos outros**.

Você se torna tudo aquilo a que dá importância.

O dever **impõe,** nunca compõe.

Não quero ser ideal, **eu quero ser real**.

Eu estou disposto a **crescer e evoluir**.

Tudo está bem em meu mundo.

Eu sou uma centelha divina e não quero seguir a vida de ninguém.

Eu sou único e não quero viver a vida do outro;

Estou aqui para ser eu mesmo, e não para produzindo perfeição.

o passado acabou, sou o começo de um novo tempo.

O passado não tem força sobre mim, não vou dar força para os outros.

Frases para Prosperidade

Eu mereço o melhor, eu só aceito o melhor.

Tudo flui facilmente em minha vida.

Eu sou especial e sortudo.

Eu sempre ganho, **eu sou a vitória**.

Eu sempre venço porque nunca errei; tudo é um modo de viver.

Não aceito .... na minha vida. Eu solto os pensamentos ruins e as resistências; isso não é para mim.

Eu sou o vaso escolhido.

Por mais que algo seja bom ou ruim, vai mudar.

Eu sou absolutamente os caminhos abertos da sorte.

Eu valorizo o meu trabalho pela funcionalidade, rapidez e facilidade, não pelas horas que me dediquei a ele.

Troco o desafio pelo prazer de construir.

Eu só absorvo o que é bom para mim, o Universo me sustenta.

O que interessa é como eu estou, o que crio, e não o que sou para o mundo.

Eu valido os meus sentimentos e os meus dons; o que os outros pensam é problema dos outros.

Eu sou o poder, a sabedoria e a inteligência.

Eu sou aquele que sente e o que possui, **eu reassumo todas as minhas virtudes.**

Eu sou meu poder e minha luz.

A prosperidade vive em mim.

afirme e faça acontecer

Sou essência criadora; eu crio o ambiente.

Eu não ligo para nada do que sofri. Foi minha ignorância.

Eu dou importância para mim e para o que sinto que é melhor para mim.

Em mim só há perfeição.

Eu sou **o verbo** em ação.

Eu não preciso **sofrer** para **ter**.

O passado não me define e não me limita, o que me define **é o que eu quero ser agora.**

Tudo o que eu quero já sou eu; tudo o que eu quero já é a verdade em mim.

43

Frases para Prosperidade

Meu destino é o que eu amo, é o que me encanta e o bem enorme que sinto em mim.

Só em mim tudo existe, **fora de mim nada é.**

Nada é difícil, nada é obstáculo, **só existem caminhos.**

Eu nasci para **realizar,** espalhar meu **Espírito** e minha criação onde eu estiver.

Não existe certo ou errado, e sim funcional e não funcional.

Eu estou onde me coloquei.

Nada me segura porque **eu não me seguro em nada.**

Eu tenho sucesso porque **me aceito como sou.**

O dinheiro é um instrumento maravilhoso para fazer tudo o que eu quero, e **em abundância.**

A vida me abastece com tudo o que eu preciso.

Eu assumo a dignidade do bem material.

O **dinheiro** entra **com facilidade e abundância** em minha **vida.**

O dinheiro é meu amigo. Eu e o dinheiro somos amigos.

Eu sou bom por natureza, por isso mereço o melhor.

Eu nasci para o sucesso.

Eu sou o canal da fonte da vida.

Neste instante deixo ir embora as aflições; tudo é bobagem, **fico em paz.**

Eu não me preocupo com o amanhã, eu me ocupo com as atividades do agora.

Não importa como vou chegar ao amanhã, **mas sim como estou caminhando até lá.**

Tenho ideias incríveis, até o que não sei eu sei que sei.

Nasci para a **vitória** e **aceito a vitória.**

Jamais precisarei me definir, **já sou certo;** se não preciso dar certo, todas as cobranças vão embora.

Eu não tenho que dar certo, logo, **nunca erro.**

Mereço e aceito uma vida melhor, que só tem valor se for fácil.

Eu não acredito em punição. Não há erro, só o meu caminho para aprender. Sempre encontro quem me ajude a chegar.

Diante do pior, sempre me dou o melhor.

Eu sou uma **estrela**.

Sou sempre ótimo e estou ao meu lado para o que der e vier.

Eu me realizo **quando faço** o que minha alma quer.

Quero ser flexível, entendendo rápido e tomando tudo mais fácil pela inteligência, **com boa vontade,** sem teimosia.

Se **eu enfrentar que tenho medo**, **o sucesso vem.**

Tudo o que eu toco **vira ouro**.

Eu tenho sempre **soluções** para as coisas.

A solução só visita quem está pronto para ela.

Eu sou ótimo, não admito pobreza para mim.

Quando estou no meu poder, **eu domino o mundo**.

Chega de provar que eu sirvo para alguma coisa.

A crise está lá fora e não vai me atingir, **eu estou fora da mediocridade negativa.**

Deus mora em mim e é meu sócio.

Abençoo toda a bondade da vida, que me encheu de oportunidades.

O medo não me domina mais, **pois não creio no mal.**

O mal não tem força, ele vive com a força que eu dou.

Eu sou uma "porta" incansável de recursos e realizações.

Eu sou 10% e o invisível é 90%. **Juntos somos 100%.**

Saber ganhar é perceber que tudo sempre estará a seu favor.

afirme e faça acontecer

49

Frases para Prosperidade

Tudo está em nós, não tem nada lá fora.

O sucesso é agradar a si mesmo, e não a todos.

A verdadeira vitória é a interna.

Posse é a base da força e a condição da possibilidade.

Não existe o "não consigo", é sempre "eu não quero", por algum motivo.

Você é um sucesso porque **a natureza não te extinguiu.**

Princípio da sorte: se eu estou ao meu lado e confio plenamente no invisível, tudo de bom acontece.

Lei da evolução: tudo que é funcional à natureza permanece, e tudo o que não é funcional, a natureza elimina.

O segredo do sucesso **é fazer do seu jeito** e não escutar a ninguém.

Equilíbrio é estar com a vida e **fluir** com ela.

Você vence o mundo quando o mundo não é nada para você.

A chave da solução está na gente, **nada é difícil.**

Dificuldade é só ilusão da mente.

Não há problemas, mas sim situações.

Em tudo o que eu faço, reconheço o bem, o bem-querer em mim.

Eu transformo o meu caminho. **Uso o tempo a meu favor;** eu tomo minhas decisões.

Eu sou o senhor do poder.

A força busca a solução para mim.

A vida dá e exige.

Eu me sinto no merecimento do melhor.

Só existe a minha vontade.

O que é meu sempre volta, o que é meu chega a mim na hora certa.

Eu construo um mundo de considerações.

Se estou, tudo está. O estar a gente constrói dentro da gente.

Não há perigo no sucesso, não há perigo na felicidade.

Minha vida flui na liberdade, **na paz e na prosperidade.**

Eu acredito no Universo.

Estou aqui com o Universo para ser canal da melhoria; eu acredito na solução.

Eu me ponho na posição de que **nasci para o melhor.**

Eu sou o que dá prazer. **Deixo-me em paz,** sem cobranças.

Eu sou da paz.

Eu sou ousado.

Eu sou dono de mim, sou lúcido, **sou aquele que diz sim ou não.**

A mente é só um aparelho.

Estou consciente de mim e vivo tudo o que eu quiser.

Eu não sou de ninguém, e não devo nada a ninguém.

Tudo é convívio.

Não absorvo nada de ninguém; fico feliz se for para ajudar, mas não assumo.

Tudo o que você enfrenta, como situação ou pessoa, você está se enfrentando.

Os outros me tratam como eu me trato.

afirme e faça acontecer

- O segredo do amor é **amar o diferente**, pois não existe o igual.
- Só o que funciona com a verdade permanece.
- Eu não sou o que eu penso; **sou o que sinto**.
- Minha alma é a pessoa mais importante para mim.
- Eu atraio para mim o que eu cultivo.
- Eu coloco os meus sentimentos em primeiro lugar.
- Eu valorizo o que eu sinto, não o que eu penso, e nem o que os outros dizem de mim.
- Eu me dou o direito de sentir.

afirme e faça acontecer

Eu sou meu, e opto por ficar aqui e agora; dou-me o direito de viver a vida com prazer. A minha vida é para mim.

Eu assumo como fui, pois fui o melhor que podia ser.

Só eu vou ficar comigo pela eternidade.

Eu me olho com os meus olhos, **não me julgo**, não me critico e não me rebaixo.

Eu sinto, logo, existo.

Não importa como eu seja, eu sou sempre ótimo como sou.

Ninguém é como eu penso; as pessoas são como eu sinto.

Não julgo, apenas observo para saber como lidar.

A minha felicidade neste instante não depende de nada, ela já mora dentro de mim.

Não aceito condenação. Eu sou só o que posso ser e **me aceito como sou**.

Eu não julgo mais ninguém; eu fico na modéstia, pois orgulho é ilusão.

O que eu estou sentindo do passado é só um reflexo do passado.

Só quero me sentir bem, e não ser alguém.

Quanto mais eu gosto de mim, mais gostoso eu fico.

Solto o juiz interno. Estou neste caminho aprendendo; **cultivo só o bem, eu decido ser feliz.**

Eu aceito meus pais incondicionalmente; eu não os assumo, eles têm o caminho deles e eu o meu. Se eu não gostei do convívio, é porque tenho que evoluir. Eu apago neste instante toda a revolta e os liberto; foi tudo bobagem.

Eu assumo que ninguém tem poder sobre mim, não aceito nenhuma repressão, constrangimento, eu não preciso mais desse tipo de experiência.

Eu sou livre, ninguém me vigia.

Nada é tão importante; tudo passa, nada fica.

Só posso ajudar o outro se a vida do outro deixar.

Ninguém está aqui para fazer você feliz, nem Deus. Só você pode, pois depende do uso de seu arbítrio.

Pare de se ver com os olhos dos outros, para sua auto-estima melhorar.

Não se trate como os outros te trataram; **faça melhor e pare de se queixar.**

Prudência sim, medo não, pois medo é ilusão.

Quanto mais a gente aceita a realidade, o que eu sou, o que eu sinto e o que os outros são, mais saudável fica a sociedade.

Quem não aceita não muda, pois o entendimento vem depois da aceitação.

Com **a mesma lei que você julga é julgado.**

A melhor maneira de viver é dar nota 10 para nós, pois **somos perfeitos** à vista da natureza.

O paraíso é um estado que fazemos dentro de nós.

O bem e o mal são determinados pelo que se sente, e não pelo que foi determinado.

Todas as atividades mentais geram as **sensações.**

Mude a emoção mudando a maneira de ver.

A gente tem medo porque dá poder à maldade do outro.

Os **arrogantes** estão sempre **negando a sua natureza**.

Arrogância é querer o idealizado, e não o possível.

A arrogância é a mãe das **ilusões;** foi ela quem criou o verbo "dever."

Todo defeito é uma qualidade mal vista.

Todo vaidoso é capacho, **não se valoriza.**

É seguro ser feliz. Quando estou feliz, **é Deus feliz em mim.**

afirme e faça acontecer

Frases para Vida Ativa

Frases para Vida Espiritual

Abro as portas do meu coração para dar e receber a fonte incansável da vida em mim.

Creio na força do bem.

Eu declaro paz. Eu, aqui dentro, sou a luz.

Eu sou Espírito em expansão junto com o cosmos.

Eu sou divino, e não comum.

Eu e o Universo somos um.

Eu estou, a cada dia mais, sob o meu poder lúcido, e o Universo me sustenta.

Eu não tenho nenhum problema na minha vida, eu sou um Espírito de luz e declaro que está tudo bem na minha vida.

Vou para o que vier, do jeito que der, confiando no invisível e na presença divina em mim, que é a vida infinita.

Eu aceito a vida criada pela minha alma.

Nada é sério; sou cuca fresca e alegre. As forças invisíveis me ajudam.

Eu confio só em mim, no meu Espírito, na minha verdade, e não nos negativos da mente.

Confio no meu poder.

Sou a presença da vida em forma de gente, expandindo no ambiente, na certeza do bem em mim.

Eu sou da luz, da beleza e da alegria; eu sou possível, eu sou o que sinto.

Quero viver a verdade do Espírito; chega de querer ser o que os outros queriam que eu fosse.

O Espírito me compõe, eu sou parte dele, eu sou ele e minha missão é nobre.

Sou certeza ordenadora, o que dá sentido a tudo; eu sou sublime construtor da realidade, eu sou a força da vida.

Confio no aqui e agora, pois confio nas minhas forças invisíveis.

Eu sou uma essência divina inesgotável e infinita de poder da vida.

Eu sou a persistência cósmica.

Eu sou a presença da existência.

Abençoar é estar na posição de receber a graça divina do poder espiritual, a generosidade inesgotável divina sendo ativada em nós.

Não tem crítica, tudo é bênção.

O trabalho do bem cancela a revolta e a sua aura faz o serviço para você.

Eu sou o Universo.

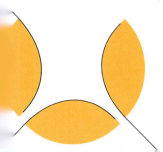

Eu festejo tudo que recebo. Quando recebo é a luz divina que recebe; ela se realiza em mim.

O cosmos trabalha a meu favor.

Eu sou o Espírito, e tudo é revelado para mim.

Sou protegido e nada de ruim me acontece.

Confio nas forças inconscientes que trabalham para mim.

Eu posso tudo porque a perfeição está em mim.

Eu construo no amor incondicional, na inteligência e na paz.

afirme e faça acontecer

Eu sou forte no bem. Tudo em mim é o meu bem e eu sou um canal perfeito para fazer o bem.

A consciência universal se realiza em mim.

Nada é sério, sou tudo de bom; eu sempre dou um jeito, reverencio o ser divino que eu sou.

As forças divinas estão em mim, e não acima de mim.

Eu não sou e nunca serei modelo de perfeição dos homens, pois já sou a perfeição do modelo divino.

Sou o que Deus criou.

Eu sou a minha própria fonte, **eu me pertenço.**

Tudo o que tira o **meu poder**, eu desconfio.

Eu, em Espírito, faço a realidade fora. Eu, em Espírito, declaro que as circunstâncias não têm forças sobre mim.

Eu, como Espírito, estou para criar beleza e grandeza em todas as coisas.

Eu agora posso **escrever meu futuro** através do **meu Espírito.**

Não vou a lugar nenhum, eu já estou no meu Espírito, criando minha realidade. Por eu estar no meu Espírito, eu não estou lá fora.

No meu Espírito **sou pura luz, pura bênção.**

Eu sou a consciência cósmica, **sou perfeito.**

Eu sou o poder único, não há outro poder senão o meu em minha vida.

Eu permito e evoco o poder espiritual em mim, e repouso na certeza de que ele está trabalhando quando eu não estou atento.

Eu aceito que tenho um plano divino e quero trabalhar com ele.

Eu assumo o meu Espírito; **consagro-me na força do Espírito.**

Eu aceito tudo naturalmente. Não sei quem sou na evolução. Eu não luto; **eu aceito viver, sentir e ser o que sou.**

Toda aflição **é falta de confiança no Universo.**

Eu me acompanho a cada instante; **eu posso me descobrir e me perceber.** Não sou uma pessoa, sou um espaço imenso e variado.

A fé da pessoa é a lei dela.

Se você não tiver fé no seu poder, ele não fará nada. **Todo o poder está em você.**

Confiar no invisível é o segredo da confiança, só ele garante o amanhã. **Segure em si,** e não no outro.

O invisível provê tudo o que eu preciso.

A lei da união é o arbítrio somado às suas forças invisíveis.

Todo poder está no agora, e não no ontem ou no amanhã. Sou o senhor da minha vida, **o que o meu Espírito quer viver.** Eu recuso o mundo que o outro tem.

Tomo posse de mim, **me assumo, me amo, me compreendo; sou positivo comigo,** as forças invisíveis trabalham através de mim.

Quando vivo as verdades da minha alma e calo minha mente, eu tenho sossego.

A grande verdade da vida está na própria vida.

Quando você fica na confiança da alma, ela traz o que você e os outros precisam.

Eu confio que tenho poder para resolver todas as coisas.

Está tudo em mim, **eu faço por mim, eu faço minha hora, eu faço acontecer.** Eu aciono minhas forças de poder para agir a meu favor.

Sou sempre certo nas coisas para mim, quero ter uma cabeça boa para mim, sem queixa.

Sou alegre e tenho contentamento na alma; **sou a graça divina, sou a realização do Senhor.** Estou pronto para ficar contente e bem, pois **é natural ser contente.**

A verdade não é um pensamento lógico, **mas a sensação de verdade** que a sua alma produz **quando você pensa de maneira certa.**

A verdade é o **produto do uso do senso da alma.**

O meu melhor me protege.

Somos todos **eternos.**

Eu e o Universo somos um.

Onde quer que o bem se manifeste, eu me identifico naturalmente com ele.

Deus está inundando meu Espírito de **paz e força.**

Estou em posse da energia de Deus.

Deus é amor, e sua paz me enche a alma.

O espaço espiritual pode criar tudo; meu Espírito abre todas as portas.

Frases para Saúde

**Eu sou bem-
-estar.**

Eu **prezo** e
**valorizo a
natureza em
mim.**

**Nasci para
a beleza.** Sou
bonita como Deus
me fez, a obra-prima.
Eu sou beleza e tudo
é beleza ao meu redor.

Sou lucidez e **liberdade.**

Eu sou livre **e não me arrependo de nada.**

Nasci para o prazer, nasci para o
belo; **doença não é para
mim**. Eu declaro saúde
em mim.

**Saúde é para
mim,** convicção do
bem em mim.

Eu confio na
ordem da
natureza em
mim.

Tudo se renova
facilmente na
minha vida.

Eu sou a fonte e a expressão da felicidade.

Eu jogo fora o feio, e o bonito aparece.

Eu sou completamente regenerável.

Culpa: se eu não pegar, não fica.

O amor da vida me envolve e me **protege**.

Eu vou sempre enxergar muito bem **porque estou bem.**

A única rejeição é a nossa, por nós mesmos.

Eu assumo o **corpo perfeito** em mim.

Sentir-se bem **é ser como a gente é.**

Você é o autor de todos os seus males, **mas também é o doutor de toda a sua cura.**

O que é bom sou eu; **eu sou só coisa boa.**

Minhas células são ótimas, perfeitas; eu me regenero rápido, perfeito.

O poder em mim é paz. O poder divino em mim é saúde. O poder de Deus em mim **é paz na minha mente.**

Agora relaxo e me solto, **agora relaxo e libero toda a tensão, o estresse e a preocupação.** Agora estou relaxando em mente e corpo.

Tudo o que é bonito e belo **eu associo a mim.**

afirme e faça acontecer

73

Frases para Saúde

Já sou certo, está tudo em **paz**, paz nas minhas células.

Sou uma pessoa absolutamente **boa**, e sou uma pessoa **exata;** meu corpo inteiro é **exato,** meu ser é o bem.

Não entro na **energia** dos outros.

Não me deixo **invadir.**

Desvalido a **negatividade,** só valido a mim.

Eu nunca caio e não me **intimido.**

Ninguém me dá a vez. Não é preciso; **eu tomo a vez e vou.**

Eu sou forte, sou poderoso.

Eu tiro **de mim tudo de** ruim.

O amor de **Deus** me envolve e me **protege**. **O amor de Deus** desperta o **autoamor** e possibilita a cura.

Não quero ser mais **"bonitinho"** para o mundo; **quero me sentir bem.**

Eu não me amarro em nada, **sou livre.**

Eu participo das coisas, **mas não estou amarrado.**

Eu renuncio a **absorver** o sofrimento do mundo.

Eu aceito o mundo como é **e eu como sou.**

afirme e faça acontecer

Frases para Saúde

Eu não temo nada e não penso nada de mal dos outros.

Eu liberto o meu **ser autêntico** para me expressar.

Quando **minha mente se torna eu**, jamais esqueço de mim.

Eu me perturbo **dando importância aos outros**.

Eu me sinto **inseguro** quando me agarro nos outros.

Quando estou **seguro**, eu me **agarro em mim**.

afirme e faça acontecer

Todo mundo é **periférico**, eu sou o **central**.

O outro só faz mal a mim **se eu deixar**.

Eu fluo nas **condições exatas** da **minha vida perfeita**.

Nunca mais me critico. Neste instante, eu me comprometo a **me aceitar incondicionalmente**.

Sou o que dá para ser; **não devo nada a ninguém**, nem a Deus.

Quanto mais aceito a minha individualidade, mais respeito e aceito o outro.

Frases para Saúde

Eu nunca sou errado; **a mente é que vê defeitos.**

Declaro estar na transformação do melhor; o caminho mais fácil é longe do drama e da seriedade.

Eu aceito a situação para **poder compreender** e depois **transformar.**

Eu, em todo o meu poder, responsável por mim, decreto que seja dissolvido em meu subconsciente todo o dramalhão; **é tudo bobagem** porque eu sou do bem, da alegria e da paz.

Eu me liberto de todas as condenações que impus a mim e que escutei. **Eu me abençoo.**

É seguro ser eu mesmo.

Sou flexível, posso mudar minha forma de pensar.

Eu me absolvo de ....
(preencher com o que te incomoda)

Eu me liberto de ....
(preencher com o que te incomoda)

Eu não assumo as expectativas dos outros.

Desprezar o mal para se livrar dele. **Aquilo em que você crê faz sua lei.** É sempre o que você irá experimentar.

Eu não aceito crítica.

O que eu sou **está certo**.

Do meu jeito é ótimo.

Eu me garanto.

Eu não me seguro; **vou fazer o que eu quero**, vou ficar ao meu lado.

Eu meto a cara e me divirto. Não me preocupo com o meu desempenho.

Tudo que eu faço está certo; mesmo no meu erro, está certo.

Eu dissolvo, neste instante, o mimado e orgulhoso.

Qualquer julgamento é ilusão; eu aceito os outros como eles são e a vida como ela é.

Confio em mim; jamais me trato mal e jamais tenho culpa.

Culpa é pretensão de quem se ilude com o ideal; eu sou apenas real.

Quem se culpa se repete, quem se desculpa sempre faz de novo.

A maior ilusão do homem é a vaidade.

Para eliminar a ansiedade, é só voltar para o aqui e agora, para o presente.

Para se livrar da culpa, é necessário ter modéstia; quando você vê o real, você se respeita e se ama.

A verdadeira modéstia é "eu sou o que sou", e não "o que eu acho que deveria ser."

Saia da angústia, aceite o passado como foi e solte-o.

Quando você critica o outro, você trabalha para ficar igual ao outro, vira uma "xerox."

Trauma é só orgulho ferido.

Inspirações para sua alma

Atitude
Luiz Gasparetto

Este livro revoluciona nossa postura diante da vida, convidando-nos a uma reflexão que projeta um dinamismo cheio de novas realidades. Reorganiza a visão do que somos, ampliando a confiança e o valor que podemos dar a nós mesmos.

CATEGORIA: Desenvolvimento Pessoal
PÁGINAS: 152
ACABAMENTO: Brochura
ISBN: 978-85-85872-17-9

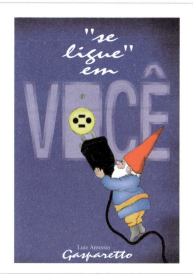

Revelação da Luz e das Sombras
Luiz Gasparetto e Lucio Morigi

Quer entender melhor a sua Luz e a sua Sombra? Este livro oferece dicas sobre como alcançar uma realização plena, tendo a espiritualidade como essência. A obra ensina valores fundamentais para a trajetória de conquistas, de evolução e de consequente expansão da consciência individual.

"Se ligue" em Você
Luiz Gasparetto

Você é seu grande laboratório e o arquiteto de sua vida. Este livro traz uma visão inteiramente nova de seu processo, mais segurança e confiança em você mesmo, ensinando-o a viver com os recursos de sua fonte interior.

CATEGORIA: Metafísica Moderna
PÁGINAS: 312
ACABAMENTO: Brochura
ISBN: 978-85-7722-108-0

CATEGORIA: Desenvolvimento Pessoal
PÁGINAS: 96
FORMATO: Brochura
ISBN: 85-85872-23-3

Faça dar certo
Luiz Gasparetto

As facilidades e dificuldades para construir um destino próspero dependem unicamente de sua visão da vida. Toda escolha feita modifica ou mantém estruturas criadas pelas próprias pessoas. Acorde para seu poder e descubra o potencial que tem.

CATEGORIA: Desenvolvimento Pessoal
PÁGINAS: 144
FORMATO: Brochura
ISBN: 85-85872-24-1

Prosperidade profissional
Luiz Gasparetto

Este livro tem como objetivo revolucionar a maneira de pensar e de agir em relação ao trabalho, fazendo com que o leitor reflita: até que ponto as resistências e medos estão bloqueando o sucesso na carreira ou nos negócios?

CATEGORIA: Desenvolvimento Pessoal
PÁGINAS: 272
FORMATO: Brochura
ISBN: 85-85872-34-9

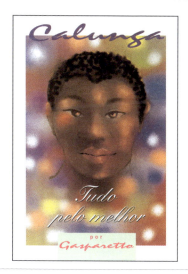

CALUNGA — "UM DEDINHO DE PROSA"
Luiz Gasparetto

Um desencarnado que, com sua visão inteligente e brilhante, desperta-nos da hipnose da materialidade com suas verdades sinceras e amplas. Assim, ele nos conduz ao sofrimento ou ao encantamento.

CALUNGA — TUDO PELO MELHOR
Luiz Gasparetto

Calunga é um fantasma, como ele mesmo se rotula, mas um fantasma meigo e muito sábio. De todas as suas virtudes, a que mais impressiona é a sua mágica habilidade de lidar com todos os tipos de pessoas. Deixar-se envolver em suas ideias é uma maneira eficiente de encher a alma de paz e renovação.

CATEGORIA: Desenvolvimento Pessoal
PÁGINAS: 272
ACABAMENTO: Brochura
ISBN: 978-85-85872-25-0

CATEGORIA: Desenvolvimento Pessoal
PÁGINAS: 254
ACABAMENTO: Brochura
ISBN: 978-85-85872-38-0

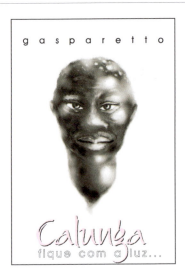
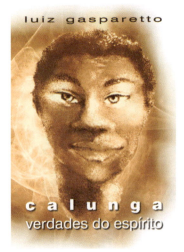

Calunga — Fique com a luz...
Luiz Gasparetto

Da perspectiva dos desencarnados, Calunga nos revela inúmeros segredos da vida, conduzindo-nos pelas mais belas e elevadas verdades, apresentadas em uma coletânea de mensagens transmitidas por ele na Rádio Mundial.

Calunga — Verdades do espírito
Luiz Gasparetto

Com uma facilidade incrível, toca o mais profundo de cada ser, provocando a própria libertação. Calunga transcende a alma e proporciona ao leitor uma nova visão da vida.

CATEGORIA: Desenvolvimento Pessoal
PÁGINAS: 208
ACABAMENTO: Brochura
ISBN: 978-85-85872-64-9

CATEGORIA: Desenvolvimento Pessoal
PÁGINAS: 192
ACABAMENTO: Brochura
ISBN: 978-85-7722-012-0

Outras obras de Luiz Gasparetto

A Vaidade de Lolita - Infantil

Amplitude 1 - Você Está Aonde se Põe

Amplitude 2 - Você é Seu Carro

Amplitude 3 - A Vida lhe Trata Como Você se Trata

Amplitude 4 - A Coragem de se Ver

Conserto Para Uma Alma Só

Para Viver Sem Sofrer

Se Ligue em Você - Infantil - Vol. 1 a 3

Metafísica da saúde - Vol. 1 a 4
Luiz Gasparetto & Valcapelli

Rua Agostinho Gomes, 2.312 – SP
55 11 3577-3200

grafica@vidaeconsciencia.com.br
www.vidaeconsciencia.com.br